JN438318

사과나무 과수원

조 영 웅 제13시집

분수처럼 꽃불을 날리면서 시원한 바람이 불어온다/ 꽃이다 꽃이 피었다/ 눈물이라고 부르는 이름을 나는 피라고 부르고 싶다/ 나의 뜨거움이/ 모질게 앙다물고 살아온 속죄의 길이라면/ 원죄처럼 나를 깨물고 살아야 할/ 유장한 피의 강물이라면/ 그대 꽃 앞을 지나가면서 누구의 이름을 부르겠는가/ 아름다운 꽃은 노출된 감정의 치명적인 급소

도서출판 천우

서문

많은 것을 찾아다녔지만 빈손이다
처음부터 채워지지 않았을 욕심이었는지도 모른다
과정이 절실하길 바랐다
부끄러움이 적었으면 좋겠다고 생각했다
글을 쓰느라고 잃은 것이 많다
그러나 아깝지 않다
상식적으로 사는 게 왜, 이리 어려운지 모르겠다
유랑의 여정이 고향을 가졌으면 좋겠다
사과나무 과수원, 그곳에서 기다리리라
내가 고요하지 않으면 누가 깃들어 살겠는가
새잎이 초록으로 눈부시다
채우지 않으리라. 가난한 희망으로 인해 결핍은
푸른 그늘을 만들어 넉넉하리라

2017년 7월

평창에서

제1부

꽃, 감정의 치명적인 급소

제2부

가을 산, 오르거든

제3부

아주 깊은 슬픔

제4부

아름다운 상처

제5부

우아한 점심

제6부

그 집 앞 나무

제1부

꽃, 감정의 치명적인 급소

분수처럼 꽃불을 날리면서 시원한 바람이 불어온다
꽃이다 꽃이 피었다
눈물이라고 부르는 이름을 나는 피라고 부르고 싶다
나의 뜨거움이
모질게 앙다물고 살아온 속죄의 길이라면
원죄처럼 나를 깨물고 살아야 할
유장한 피의 강물이라면
그대 꽃 앞을 지나가면서 누구의 이름을 부르겠는가

연꽃 밭, 바람구멍

어렸을 적 고무신짝 떨어진 것을 가져다주고
바꾼 엿을 분질러
누구의 엿 구멍이 더 큰가 견주어보던 때
지금은 그 사람들 모두 떠나고
엿 대신 연근을 잘라
바람구멍의 크기를 맞대어 볼 때
연꽃처럼 우아한 어느 여인이 생각 없이 던진 말
“우와! 내 구멍이 제일 크다”
지나가던 바람도 깜짝 놀라 숨을 멈추고
푸른 잎사귀를 밀어 올리던 연꽃도 놀라
후드득, 빗방울을 굴리는 아침
내 생각이 정갈하지 못했던가?
그녀가 무심코 던진 말이 절묘했던가?
생각과 사실과의 차이
내 몸이
텅 빈 세상의 공간에 놓여 자꾸 흔들거려

정약용의 편지

바람은 차고 날은 어둡게 흐렸도다
이른 봄 잊은 듯
눈발이 갸웃갸웃 날리니
그대 묘를 찾는 내 발걸음도 무거워
지난 역사를
어느 누가 가볍다 말하리요마는
자취 끊어진 들판에
쓸쓸함만 더해
숙부인 풍산 홍(洪)씨가 보내온
붉은 치마를 잘라
아이에게 보내는 다짐의 글을 적노니
바람은 나뭇가지를 흔들어
세상인심에 접혔다 펴졌다 반복하고
멀리 두물머리 지나가는
한강의 넓은 물이
물살 센 시간을 짚어보는 듯
언뜻 내리는 눈에 비쳤다 사라지네

클래식마을 축제에서

붉은 피를 먹여 키우지 않고서야
어찌 저리 지극한 소리를 내랴
온몸의 근육을 모두 뽑아 한 줄에 이어 매지 않고서야
어찌 저리 몸을 순간에 태워 터지는 심장 뜨거운 소리를 내랴
저리 정갈하고 투명한 빛깔의 색을 뽑어 올려서
흘러가다 튀어 오르다
몸속 깊이 들어와 출렁거리다 눈물 나게 흔든다
무엇인가 이 주체할 수 없는 극치는
내 몸속의 뒤틀림
내 몸속의 근육을 팽팽히 당겼다 활처럼 휘었다 풀어내는
이 기막힌 절정의 오르가즘
영혼을 송두리째 꺼내 신에게 팔지 않고서야
저 가냘픈 몸에서
어찌 저리 미치고 환장할 소리를 쏟아내랴

삶, 하루

아침, 화초 뿌리 옆에
정수기 물 한 잔 부어주고 나왔습니다

어제 그 사람
어제 그 거리
어제 그만큼의 차가 달려가는데
날마다 갈증이더니
싱싱합니다
목이 마르지 않습니다
모두
자기 길 찾아
자기 물길 찾아 흐르는 것 같아
나도 덩달아
자동차 볼륨을 높여봅니다

정수기 물처럼
당신도 오늘 많이 촉촉해지셨군요

꽃, 감정의 치명적인 급소

추억이 잔인하게 나의 목덜미를 물어뜯을 때
피 철철 흐르고
환하게 아름다운 꽃이 된다
분수처럼 꽃불을 날리면서 시원한 바람이 불어온다
꽃이다 꽃이 피었다
눈물이라고 부르는 이름을 나는 피라고 부르고 싶다
나의 뜨거움이
모질게 앙다물고 살아온 속죄의 길이라면
원죄처럼 나를 깨물고 살아야 할
유장한 피의 강물이라면
그대 꽃 앞을 지나가면서 누구의 이름을 부르겠는가
아름다운 꽃은 노출된 감정의 치명적인 급소
세상은 씨방처럼 뜨거워
나의 피는 점점 꽃잎처럼 붉어진다

비닐봉지

조금 헐렁하게 삽시다
잘난 척해봐야
속이 훤히 들여다보여
자기만 속고 마니, 바보가 되고 마니
어차피
내 자리 조금 비워두고
넉넉하거니
싱겁게 웃으며 삽시다
줄 게 없으니 안타까울 일도 없어
못 받아도
그렇게도 사는구나 궁금한 척하며
모자라게 삽시다
바보라서
모자란 것도 넉넉한 것인 양
아직 비어 있으니
죽지 않을 만큼
속고 또 속이며 삽시다

산책(散策)

이른 아침 강가에 나와 멀리 산을 바라본다
구름은 산허리에 걸려 또 하나의 흰 비단길을 만들고
이른 아침 먹이사냥에 나선 왜가리 몇 마리가
어슬렁거리며 강바닥을 거닌다
강둑 푸른 수풀 속에는 딸기가 빨갛게 익어
입안에 가득 침이 고이고
아침 밥상에 올릴 나물이 무성히 자라
순을 뚝뚝 꺾어 쌉싸래한 진액을 빨아 마신다
어디로 가느냐?
질문도 부질없어 어느새 이곳까지 왔고
바람소리 내며 흐르는 물처럼 살아 있는 것을 느껴
생각 없이 즐겁다
이른 아침 산책에 나선 사람들,
갈 곳이 바빠 저리 서둘러 가는 건 아닐 텐데
걸음걸이 맑고 투명해
무엇을 해야겠다는 마음조차 부끄러운 아침이다

산길에서

홀로 껍질 벗는 몸의 주변이
고독하다

몸의 한 부분을 떼어 너에게 준다는 건
몸을 낳는 일보다
큰 아픔이리라

산을 오르다 나무껍질을 더듬어 본다

숲속으로 뻗은 수많은 길이
흉터처럼 엉켜
너의 몸을 만들었구나

밥그릇

밥그릇만 보면
게걸스럽게 달려드는
쓸쓸함이여!
설익은 감성으로 차리는 밥상에
비틀비틀
석양만 비켜섰다
밥그릇에
숟가락을 꽂지 못하고 망설이는
고독함여!
무엇이 살고, 무엇이 죽는지
바람 불자
텅 빈 밥그릇에
붉은 꽃잎만 떨어진다
봄은, 이미
어설픈 정복자의 뒷모습처럼
물러앉았다

개밥바라기*

보이지 않아
여기,
어느 나라의 별인지 떠오르지 않아
보이는 건, 나의 존재
너무 작고 미약해
몸을 추스를 수가 없어
이방인 같아

초저녁 새벽 이름이
다르듯
인생은 동위각(同位角), 삶은 엇각

* 개밥바라기 : 금성(金星)을 달리 부르는 말. 초저녁에 뜨면 장경성 · 태백성 · 개밥바라기, 새벽에 뜨면 샛별 · 명성(明星) 또는 계명성(啓明星)이라고 부른다

난초 화분

난초 화분이 선물로 들어왔다
예쁜 포장지를 둘러매고 꽃 리본을 달아
난초꽃보다 더 예쁜 색깔로 이름을 써 보내왔다
향기 진하고 아름답다
보내준 마음이 더욱 고마워
예쁘고 향기롭다
며칠이 지난 후 보조개 우물 같은 꽃이 시들어
이만하면 보내준 사람의 이름값은 했다 싶어
포장지를 걷어내는 순간
시든 난초 꽃잎이 누런 갈색으로 책상 위에
우수수 쏟아졌다
너도 돌아갈 때가 되긴 되었겠지
떨어진 난초 꽃잎을 주워
아직 싱싱한 난초 잎 포기 옆에 놓아준다
너의 화려한 신체 일부가 아니었더냐
뼈가 돌아가듯 너의 생물학적 염색체가 반가워
더욱 싱싱하게 줄기 뻗고
촉을 키워 보답한 게 아니었더냐
난초 화분을 책상머리에 올려놓고
떨어져 바라보니
예쁜 모양보다 그녀의 땀 냄새가 먼저 방 안을
휘이 돌아나가는 것이었다

느티나무 분재

창고 건물 허물어진 벽 틈 사이 어디서 날아왔는지
느티나무 한 그루 틈을 비집고 길게 뿌리내렸다
푸르고 무성하다
날마다 지붕에 떨어지는 물을 받아 마시며
싱싱하게 자란 나무를
잡초라고 뽑으며 너무 애석해
작은 화분을 구해 나무를 옮겨 심어놓고 날마다 바라본다
뿌리는 구부러트리지 않았는지
실뿌리를 자르지는 않았는지
나뭇가지에 상처 주지는 않았는지
평평하고 넉넉하게 제자리에 흙은 넣어주었는지
날마다 물 한 컵씩 공양하며 살아간다
계절을 타지 않을까
가을이 지나 겨울로 들어가는 초입
아직도 푸르고 싱싱한 빛깔을 잃지 않은 나무가 고마워
아직 게을러지지 않았구나
시들어가는 내 몸의 뿌리에 물 한 컵 뿌려준다

소리와 형태

소리를 듣지 않으려고 눈을 감는다
눈을 감으니
소리가 보이지 않는다
소리를 듣는다는 건
형태를 관념으로 인식한다는 것
나는,
지금 나를 지운다
내가 지워진 세상에 들꽃이 무성하다

우리는 가끔
사랑하는
대상을 쓸쓸히 잃어버릴 때가 있다

산촌(山村)

산과 들에는 따뜻한 기운이 감돌아
나무와 풀이 푸르고
길에는 얇은 옷을 입고 팔과 다리를 내놓은 사람들이
네 것 내 것 없이 모두 즐겁다
겨우내 두꺼운 옷을 입었던
꽃잎은 흐드러져 눈부시게 아름답고
철 이른 꽃잎은 몇 개 떨어져 길을 따라 춤춘다
꽃 붉어 열흘을 못 간다 했으나
하루 뜨겁게 제대로 살아본다면 무슨 후회가 남을까
목소리를 감추고 살았던 새들도
맑은 하늘 높이 날아오르고
강물은 더욱 푸르러 풍경을 안고 흘러간다
한가로운 산중에 나 혼자 즐거우니
구름도 하늘 벗 삼아 돌아갈 길을 잃어버렸구나

시(詩), 담쟁이처럼 천천히

사랑이 마음의 행간을 더듬는 것이라면
시를 쓰는 일은 자연의 행간을 조용히 읽는 일이다
읽고, 깊이 들어가 줄기를 뻗고
관다발처럼 작은 생각의 일부가 되는 것이다
온몸에 뚫린 숨구멍으로 호흡하며
세포마다 몸을 열어 자연의 물 한 모금을
깊이 빨아들였다 내뱉는 것이다
막혔던 사물의 콧구멍이 뻥 뚫려 오는
마음과 자연의 행간을
오늘도 저무는 골목으로 되돌아와 그대를 만나듯
담쟁이처럼 천천히
가슴의 무딘 담장을 더듬어가는 것이다
서로의 반대편에서
손가락 아프게 낮은 음자리를 짚어보는 것이다

해맞이 1

기차가 마을 앞을 지나가듯
어둠 속에 가렸던 풍경이 하나씩 떠오르고
지난밤 구겨져 있던 소문이 기지개를 켜듯
구부렸던 팔과 다리를 펴는
굴뚝에 하얀 연기가 피어오르는 구나
천천히 물들어 지워질지도 모를 위태로운 희망으로
새벽에 피워 올린 연기가
밤나무 가지에 방패연처럼 걸렸구나
무엇이란 말인가
날마다 남의 일이었다가
남의 것 같지 않은 저, 절절한 뜨거움 하나

해맞이 2

울퉁불퉁 설익은 어둠의 속살을 만져본다
어떤 이는 은밀하다고 말하고
어떤 이는 시대의 아픔이라고 말하고
어떤 이는 안식의 품이라 말하는
말 많고 탈 많은 새벽의 어둠을 만져본다
어둠보다 더 깊은 어둠
추위보다 더 지독한 추위
모두 밝아오는 새벽에 깃들어 있구나
그리하여
칼날보다 더 날카로운 비명으로 하늘의 배를 가르고
두꺼운 시대의 살갗을 찢고
하늘은
산고보다 더 뜨거운 햇덩이를 낳는구나

배낭여행

배낭여행을 떠났으면
딴 생각하지 말고 여행이나 똑바로 해라
여행을 하면서
두고 온 생각과 미련을 떨치지 못해
자꾸 거꾸로 걸으니
평생 걸어도 제자리걸음 아닌가
매일 그만한 꼴로
사람을 기만하고 변명을 만들면서
제대로 하는 게 하나도 없지 않은가
배낭여행을 떠났으면
자꾸 떠들지 말고 내 길만 가라
어디로 가야 하는지, 어떻게 가야 하는지
나는 어디에 서 있는지
그리고 그대 생각이 작아지면
천천히 돌아오라
그 잘나 빠진 수염만 기르지 말고
덥수룩하게 웃자란
마음의 덤불 속을 천천히 걸어 나오라
길 위에 선다고
모두 여행이 아니다

꽃잎 편지

가을 강에 앉아서
붉은 꽃잎을 따서 물 위에 띄워 보내니

이 바위 저 풀잎에 기대어 흐르다
그대 사는 마을에 닿으면
맑고 환한 꽃으로 피어나시게나

내 마음의 붉은 고백 한 잎
강물 위에 띄워 보내니
그대, 어쩌다 내 마음 만나게 되시면

환하게 피어나서
맑은 사랑의 꽃물로 물들어 가시게나

연달래*

연달래 분홍 꽃잎이 숭어리째 떨어져 시든 자리
어머니 쭈그러진 배꼽을 보는 것 같아
한때 누구인들 꽃비 내리는 시절이 없었으랴
누구인들 한때 뜨거운 사랑을 하지 않았으랴
상처 아문 자리에
아버지가 피고 지고, 내가 피고 지고
천천히 문을 닫는 노모의 쭈그러진 자궁이여!

* 연달래 : 산철쭉의 방언

제2부

가을 산, 오르거든

가을 산, 오르거든
붉은 나뭇잎보다 먼저 내려오지 마라

그대, 물든 까닭
찬찬히 읽어보면 모두 깊고 뜨거워
누군들 울고 싶지 않으리

이름값

울 엄마 첫째 아들을 낳지 못하고
딸을 낳자
할아버지, 딸 이름을 섭섭이라고 지었다

딸 자라서 어른이 되어
떡두꺼비 같은 첫째 아들을 낳고
딸을 낳지 못하자
시아버지, 아들 이름을 애석이라고 지었다

말도 많고 탈도 많았지만
그 눈총 다 받아내고도 넉넉했던 어머니

할아버지 돌아가시고
가족 모여 장례를 치르는데
오는 사람마다
섭섭이 여기 있네, 애석이 여기 있네

섭섭하고 애석한 일 있을 때
남, 여 구분 말고 모두 불러 놓으면
이름값 하며 산다고
북 치고 장구 치고 집안 떠들썩하였다

고구마

플라스틱 병 허리를 잘라
큼직한 고구마 한 개를 물에 담가놓고 오늘도 기웃거린다
젖은 휴지로 덮어놓은 고구마에서
하룻밤 새 푸르스름한 빛이 도는 듯해 열어보니
말라 있던 실뿌리에 물기가 돌아 부드럽게 구부러졌다 펴진다

뿌리를 말리지 않게 심고 북돋움을 넉넉히 평평하게 한 후
본성에 따라 자라나게 놓아두는 게
나무를 심은 사람이 할 일의 전부라고
나무박사 곽탁타*는 말했다는데
자꾸 힐끔거리고
심지어 흔들고 긁어보기도 하기 때문에 잘 자라지 못하는 거라는데
더러는 잊어버리고 살아야 한다는데

커다란 난초 화분 아래 가끔 고향길이 그리워 담가놓은 고구마
붉은 줄기처럼 산등성이 넘어가는 황톳길이 보이고

목구멍이 벌겋게 밭둑을 허물어 캐 먹던 어린 메꽃줄기가
넌출넌출 내 가슴이며 목을 스멀거리며 기어가는 것 같아
달빛 환한 창을 열어 별을 바라본다

추운 겨울 살아보겠다고 시장 골목에서 고구마를 굽던 아버지
허리 굽은 곽탁타처럼
등에 큰 물혹을 짊어지고 시들지 않으려고
서늘한 한겨울의 사막을 뒤돌아보지 않고 건너가고 계시는지
올려다보는 하늘,
맨살의 붉은 씨 고구마처럼 바람에 씻긴 별이 춥다

* 곽탁타 : 당나라 문인 유종원이 지은 「종수(種樹) 곽탁타전」에 나오는 정원사. 곱사병을 앓아 등이 굽은 모습이 낙타 같다 하여 본명 대신 '탁타(낙타와 같은 말)'라 불렸다. 나무를 잘 기르기로 유명했으며, 그가 기른 나무들은 한 그루도 죽지 않았다 한다

가을 산

단풍잎보다 빨리 산을 내려가는 사람
무엇이 급한 걸까

가을 산, 오르거든
붉은 나뭇잎보다 먼저 내려오지 마라

그대, 물든 까닭
찬찬히 읽어보면 모두 깊고 뜨거워
누군들 울고 싶지 않으리

바람 따라 내려갔다 계곡 물소리 따라 올라오며
당신이 나에게 보낸
뜨거운 엽서를 찬찬히 읽는다

가을에는
사람도 나뭇잎처럼 공손해져야 하리라

촛불

촛불아, 촛불아
눈물 흘리지 않는 촛불아
제발,
정신 좀 차려라

눈물 흘리지 않는 촛불은
이미,
촛불이 아니다

붉은 혓바닥이
사람의 영혼을 태우는
오만한
불꽃이 되지 않기를

친구

무스 일이 있었을까
저, 강 건너 복사꽃 피고 떨어지는 마을에
소식 없던 그대
오늘은 햇살 쟁쟁거리며 타는
강물을 밟고 와
무슨 말을 하고 싶었던 것일까
꽃잎같이
말줄임표로 내 가슴에 내려앉는 그대

분별(分別)

분별하기 시작하면서 거리가 생긴다
옳은 것은 선택한 것 같지만
한쪽을 외면하는 것이다
어쩔 수 없는 선택이라고 말하지만
누군가 상처받는다는 걸 인정해야 한다
끌어안을 수는 없지만
자리를 비워두고 기다릴 줄도 알아야 한다
더불어 산다는 것은
선택하는 것이 아니라
따뜻한 마음을 찾아가는 것이다

푸른 비

추억이 푸른 비에 젖어 나뭇잎처럼 출렁거리네
나의 추억은 진하고 아프다네
얼굴이 가무잡잡한 어린아이 어깨바지를 입은 채
마루 아래로 기어들어간다네
요구르트 병처럼 또르르 굴러들어가는 꿈을 찾아
계집아이가 놓친 해님을 찾아
속옷을 붙잡고 손바닥을 간질이다 잠이 든 꿈속
건강한 아이가 철창 속에서 사다리를 탄다네
구호의 바닷물 속에 익사한 고래
시간 또한 잊혀지는 것이라고 그대 말하지만
나에게 시간은 오래 지워지지 않는
강철 인두 자국 같은 것이었네
바람이 어느 쪽에서 불어오는가
나뭇잎을 바라보는 순간, 푸르게 튕겨 나온
빗줄기가 유년의 햇살 아래서 빗금으로 반짝이네
바람은 벌써 나의 옷자락을 흔들며
흑구렁이처럼 산속을 빠져나가고 있었네

경칩(驚蟄)

언니, 언니……,
어디에요?
얼마큼 늦어?

개구리 입 떨어진다는
경칩인데
눈이 오시려나 봐요

미친……,
시절이 수상하니
날씨인들
무슨 짓을 못하겠어

진정성 있는 그대
그리워요
반듯하게
입 떨어진 그대
보고 싶어요

그대,
지금 어디쯤 오고
계신가요?

사랑

너의 몸속을 천천히 스며들어간다
오래전 내 몸은 이미 내 몸이 아니었음으로
몸을 빨아들이는 너의 흡반 속으로
천천히 나, 먹혀들어간다

한번 죽는 것처럼 순간을 살아본다는 건
얼마나 눈부신 삶이냐!
날마다 새롭게 시작했지만

멀리 떠나지 못하고 너의 주변을 빙빙 돌던
나의 비행은
항상 궤도이탈하지 못하고
너의 구심력에 의해 불시착하고 만다

꽂이다 꽂혔다
꽂혀도,
이렇게 깊숙이 꽂히면 안 되는 것이었다

세탁기

세탁기가 돌아가기 시작한다
탈수 기능으로
세탁한 옷가지에서 물을 털어내는 작업이다
윙윙거리는 소리를 따라
물방울이 잘게 부서지고 빨려 들어가 배출된다
작은 헬리콥터의 프로펠러 돌아가는 소리
공간을 뚫고
단단한 콘크리트 바닥을 기어
반대쪽 베란다에 심어놓은 마커스*를 흔든다
잘게 떨리는 미세한 진동음
몸도 따라 흔들리고
생각도 따라 알람 설정해 놓은 시계처럼
흔들린다 운다
내 몸 전체가 흔들림 위에 놓여 있구나
더럽혀진 내 몸 전체를 빨랫돌 위에 얹어놓고
두들기던 어머니의 방망이 소리
내 몸이
행거에 널어놓은 세탁물처럼 선명해진다
잊고 살았던 식욕이
열정처럼 한꺼번에 확 당겨진다

* 마커스 : 다육식물 이름

상사화(相思花) 1

그대 바람조차 가둘 수 없는 쓸쓸한 희망으로
산맥을 넘어 말을 달릴 때
나는 머리 위에 화사한 화관을 쓰고
붉은 독사처럼 시든 줄기 위에 쓰러져 눕는다
천형의 불꽃으로 자기 몸을 태우는, 너는
하늘에서 구름을 모아 비를 만들고
나는 땅 위에서 불씨를 모아 꽃을 피우니
그대와 나
꽃이다 그리움이다 지독한 사랑이다
그대, 8월의 비로 내려 나에게 오듯
나는 그리움의 불꽃을 베고 누워 너를 꿈꾼다

상사화(相思花) 2

차마,
말로 다할 수 없었던 지독한 사랑을 아시나요
죽을 만큼 뜨겁게 사랑하다
기어코 죽어 몸 따로 마음 따로 태어나서
그리움에 지쳐 살아가는 못된 사랑을 아시나요
사랑은 마음보다 한 걸음 늦게 오는 것이라서
오늘도 깊어가는 외대궁의 가슴앓이
한 줄기로 피는 절절한 사랑을 아시나요
마음 시들어 죽은 후에 맺히는 피 같은 사랑은
진짜 사랑이 아니더라고요
가로등에 불이 하나둘 켜질 무렵
돌아오지 못할 천형의 길을 가는 것처럼
잎 따로 꽃 따로
활짝 피었다 스러지는 외줄기 사랑
그대 기다리는 골목, 다시
만날 약속을 하지 않는 사랑이 어디 있던가요

추억

그녀가 쏜 화살이 심장을 관통하고 지나갔다
아물지 않은 구멍 속으로
강물이 흐르고, 새가 날아가고
바람도 몇 천 년이 지난 후에야 돌아올 심산인지
지나간 자리마다
풀이 거미줄처럼 무성하게 자라났다
그녀가 쏜 화살이 과거형이 된다는 게 슬펐다

사내

빗방울이 튀어
물먹은 수채화 종이 위에 물감을 튕겨놓은 것처럼
천천히 번지고
세상의 힘든 강을 몇 번 건너왔음직한
얼굴선이 굵은 중년의 사내
담배 몇 모금 폐부 속으로 깊숙이 빨아 당겼다
천천히 밀어낸다

허공 속으로, 구름 속으로
길게 꼬리를 물고 빙글 돌다가 흔적 없이 사라지는
고단하고 흐릿한 생애
한 끼 식사를 위해
검은 비닐봉지에 싸놓은 빵조각처럼
불확실한 시간이 무거운 짐 속에서 부스럭거린다

길이 남았다는 듯
사내가 몇 번의 헛기침으로 마음을 추스르고
낡은 오토바이를 타고
점점 세차게 쏟아지는 빗속으로 번져 들어간다
젖지 않을 만큼의 속도로
저 빗줄기 속을 달려가야 하리라

개존물(皆尊物)*에게 고(告)함

아아! 우리나라 대한민국
모두 다 존귀해 개존물(皆尊物)이여!

흥청망청 물건이 넘쳐나도 쓸 만한 물건 없고
잘난 척 시끄러운 위인 많아도 나라 걱정하는 사람 하나 없네
국민을 위하여 일한다고 다투어 말하지만
자기편 아니면 국민이 아니요
4~5년을 굽실거려 70년을 놀고먹는 놈 허다하네

세상만물 존귀하다 해도 사람만큼 존귀한 게 없다고
국민이 주인이라고
날마다 외쳐대도
대우받는 국민 하나 없어
없는 놈 한뎃잠 자기 오늘도 걱정이다

국민을 섬긴다고
사람 속이고, 눈 가리고 나랏돈 빼먹는 놈이 장땡이요
존귀해도 쓸데없는 껍데기만 모두 존귀해
이 거리, 저 거리
날마다 터지고 넘쳐나는 개존물(皆尊物)이여!

* 개존물(皆尊物) : "모두 존귀한 물건이다"라는 뜻으로 김삿갓의 시에서 인용함

연기[煙]

저녁에 굴뚝을 나와 하늘로 날아가는 연기처럼
오늘은 흔적 없이
가볍게 흩어져 너에게 돌아가리라
험한 세상 깊고 거친 바다 깊숙한 어둠에 닿아
뜨겁게 불러보던 노래도 모두 내려놓고
제발 아프지만 말라고,
항상 곁에서 너를 지켜보고 있겠다고
굳게 다짐했던 약속도 내려놓고
가벼운 몸 흩어져 너에게 돌아가리라
그대와 함께 걷던 산길에 피던 각시붓꽃처럼
몸을 태우고 마음을 비우고
흔적 없이 사라지는 저녁이 오면
물가에서 놀던 새처럼
나무 위에 지은 엉성한 집을 찾아 돌아가리라

첫눈 1

내 마음이 돌아설 수 있다는 건
또 다른 만남의 약속을 준비하는 과정
더 아름다운 약속 없이 어떻게 헤어질 수 있겠어
마음으로 헤어질 수 있다면
다시 만날 뜨거운 약속을 하는 거야
내 마음 모두 던져 헤어질 수 있다는 건 축복
아픈 건 마음이 아니라 미움이라는 걸
잘 알기 때문에 헤어지는 것이지
헤어짐에 익숙해질수록 가슴에 허기진 기다림만
더 깊게 더 뜨겁게 쌓이는 날

첫눈 2

허리를 끌고 다니던 혁대를 가위로 토막 쳐 잘라내고
경멸하며 살아온 인생도 그리 절단 낼 듯
그 남자
자기 허리를 잘라내며 힘을 빼야 한다고 다짐합니다
남의 일처럼, 남의 말처럼
길이란 묘해서 가끔 어긋나기도 한다는군요
외진 산길에서 만나는 똬리를 틀고 앉은 살모사처럼
섬뜩하게 추억을 잡아먹기도 한다는군요
길은 그대로인데 이미 달라져버린 길
사람은 무언가 혼자 지독한 결심을 해야 할 때가 있더군요
나를 잊어버릴 수 있는 건 오직 나뿐이라는 듯
몹쓸 눈이 내리고
그 남자 헐렁하게 흘러내린 바지를 다시 추켜올리며
끊어진 허리띠를 당겨 매네요
허공을 끌어당기며
붉은 혀를 날름거리며 허리에 감기는 푸른 뱀
어쩌다, 첫눈이 내리던 날
길이 하얗게 묻히듯
가끔, 우리들 쓸쓸한 추억이 지워지기도 한다던가요
그 남자
오늘도 술을 끊는다고 보나마나 뻔한 결심을 합니다

말

가보지 않은 사람은 모른다고요?
천만에,
당신이 말하는 그곳은 이미 가 보았지만
주인이 없어
다른 곳을 가보지 못한 것입니다

제3부

아주 깊은 슬픔

들판에 봄 햇살처럼 부드러운 풀잎 일어설 때
깊어도 아주 깊은 슬픔
뜨거움 다 피하고
그대,
나무 그늘에 잠시 멈췄다 가야 하리
여우비처럼
때로는
하루 종일 깊고 가늘게 우는 그 여자비처럼

청계천 왜가리

서울이 외롭다
사람이 헐값으로 팔려나가는 쓸쓸한 도시에서
마음이 외롭다
유난히 사람이 기다려지는 돌담길 아래에서
우리는 떨어진 나뭇잎처럼 너무 고독하다
이름 하나 서러워 떨어지는 고독 위에
저 푸른 강의 깊이를 어찌 견디며 건너갈까
하루가 창백한 달같이
덮어놓은 책갈피 속에서 떨고 있다
나는 낡은 편지를 접어 노트 갈피 깊숙이 끼워놓는다
추억은 노쇠한 보수처럼
눈 덮인 가로등 아래서 젖고 있다
진보는 칼날처럼
자기 살을 잘게 썰어 하루 식탁 위에 올려놓고
구호 앞에서 무모하다
안개 강에 묻힌 발목처럼 세상이 아프다

난초(蘭)

어제 못 봤는데
어느새 키가 불쑥 자랐다
모르게 일어난 일은
신기하다
남의 일이라 생각하다가
뭉클할 때
사람까지 신비하다
없는 듯 서운하다가도
문득
곁에 있는 너를 보면
그냥 좋다

너,
한 대궁 삐죽 올라와 있다

시골집에서

두 달 치 달력을 한꺼번에 찢어버린다네
정신없이 바쁘게 살았거나
만사 귀찮아 아무 하는 일 없이 빈둥거리다가
시간을 보냈을 것이네
세상에 눈길을 돌려보니
부끄러워하지 않고 살아가는 일 다반사이고
누추한 시골 방에 들어앉아 책을 뒤적이니
허무맹랑한 소리뿐이네
마음을 절반쯤 덜어놓고 사는 게
흔들리지 않고 사는 일 같은데
될 듯싶은 마음이면
하늘과 땅 사이
바른 뜻 세우려는 사람은 왜, 만들어 놓았는지
시끄러워 외면했던 두 달 치 달력을 찢으며
참으로 모를 일이네
살아가는 일 속에 대부분이 남 흉보는 일이니
거기서 거기인 줄다리기
생각 없이
방구석에 세워둔 기타를 끌어당겨
고르지 않은 줄만 이리저리 튕기어본다네

여자비*

그대, 소나기 같은 사람
모든 걸 버리고 떠나갈 심사로 쏟아지는 그대
나무 그늘에 비를 멈췄다 가야 하리
어디를 가나 젖어 눅눅한 세상
멈춰도 잠시 한때
무지개로 설 뿐 그대 곁에 있는 것이니
하루 살다 떠나갈 것처럼 눈부셔도
비 쏟아질 때
그대 잠시 처마 밑에 멈췄다 가야 하리
그대 마음 가라앉고
들판에 봄 햇살처럼 부드러운 풀잎 일어설 때
깊어도 아주 깊은 슬픔
뜨거움 다 피하고
그대,
나무 그늘에 잠시 멈췄다 가야 하리
여우비처럼
때로는
하루 종일 깊고 가늘게 우는 그 여자비처럼

* 여자비 : 아마존 사람들이 말하는 흐느끼듯 종일 내리는 비

새벽별

게으른 잠에서 깨어나는 새벽별이 눈을 깜박거릴 즈음
아파트에 불이 하나둘 켜지기 시작한다
게으른 별의 기상시간은
늦게 잡아도 오전 5시는 될 것 같아
잔업을 마친 별의 술렁임으로
먼 길을 다시 출발하는 사람들이 일어나기 시작한다
살아온 시간이 더 많은 사람들
남은 시간을 아껴서 써야 하는 듯 아파트 현관을 열고 걸어 나와
지난밤 뒤숭숭했던 안부를 짚어보고
길이 자꾸 내 생각을 되돌려 한때 따뜻했던 온기로
나를 길 위에 세우는 것이다
때때로 내가 나의 땅에서 이방인처럼 식어가겠지만
아직은 이마가 따뜻한 나의 별,
그래도 멀리서 낯선 별을 바라보며 그리워할 수 있으니
아직도 온기가 남아 있을 터
산책의 대부분은 소홀했던 주변을 다시 기웃거리는 일
멀어진 것이 드물수록
끈을 놓지 않은 마음으로 돌아와 창문을 여는 것이다

낯선 별에서

어둡고 외진 금단의 나라 기억의 저편에서
그리움 잃지 않고 뜨거운 강물로 흐르고 있었구나
조금씩 어긋나는 시간의 길 위에서

금강석처럼 반짝이는 마음으로 너에게 간다
두꺼운 위선의 껍질을 벗고
너의 별에서 나의 별을 바라다본다
너의 숨소리가 작은 별 안에서 눈을 뜨고 걸어 나온다

맨발인 채 하늘을 걸어 나에게 온 별의 우듬지에
붉은 핏줄이 길처럼 얽혀 있다
너, 화성의 나무 그늘 아래 서성거리는 나그네 별
나, 지구의 가로등에 기대어 반짝이는 작은 별레

너만의 시간으로 고생대의 지층을 건너왔구나
밤마다 작은 날개로 너에게 날아간다
몇 억 광년의 뜨거움 속에서
우리는 얼마나 사소한 오차로 곁에 있다는 말이냐

사랑

너에게 지극히 사소하지만
그대 아픔을 보면
마음이 먼저 알아서 운다
나의 정원에 꽃잎이 다 떨어지지 않았구나
아직 영혼의 불꽃이 꺼지지 않았구나
몸을 때리는 회초리보다
가슴을 흔드는
쓸쓸한 모습이 더 아프다

미세먼지

인간은 더 진화할 것이 없다
문명이라는 것도
세상을 환히 비추는 햇빛이 될 수 없다
어떻게 하면 더 많이 얻을 수 있을까
어떻게 하면 더 편할 수 있을까
인간답게 살아가는 정직한 땀의 의미 자체를
잃어버린 인간은
자기 하는 행동이, 결국
존재를 희석시키는 것이라는 걸 모른다
인간은 너무 빨리 진화했다
아니 너무 빨리 사람을 포기했다
오염된 강물 속에서 살아가는 물고기처럼
미세먼지 가득 찬 심장을
헐떡거리며 마른 강을 건너야 하는
위험한 시간이 남았을 뿐이다

나는, 저들을
살아 있는 붉은 망토라 부르고 싶다

고향

어제 먹었던 밥,
오늘 왜 또 먹느냐고 묻습니다

나무지팡이

덤으로 사는 시간이라 하였고
새로운 세상을 건너가는 연습이라고도 했다

저 나무
작은 씨앗이 터져 싹을 피워 올릴 때
사람 사는 마을에 푸른 그늘을 꿈꾸지 않았으랴

가지가 부러지고 허리가 뒤틀려
성한 다리로 세상을 건너가지 못하게 될 때
잘린 그루터기에서 나온 곁가지
절뚝거리는 세상을 바로 세우며 짚어간다

꿈도 세상을 벗어나 가끔 비틀거릴 때
어쩌다 만난 들꽃 한 송이로 세상이 환해지듯
누군들 절망하지 않으랴
누군들 새로운 꿈을 꾸지 않으랴

혼신의 힘으로 일어선 움돋이
울퉁불퉁 험한 세상 바닥을 짚으며 건너간다

무성하던 나뭇잎 모두 떨어뜨리고
나무 그늘에 깃들었던 새들도 날아가
허물처럼 가벼운 몸
곁가지에서 나온 다리 하나 세상을 건너간다

의(義)로움과 이(利)로움

의(義)로운 길
잃어버린 지 오래
이(利)로움만
무성하게 우거져 있네

나
잘 살아보자고 힘쓰는 건
이(利)로움이요
함께
잘 살아보자고 나누는 건
의(義)로움인데

식(飾)을 탐하고
직(直)을 버린 지 오래
고향도
타향인 양
길 멀어 눈물만 흐르네

피아노

남자의 피아노 반주는 조금 날카롭게 시작되었다
습관처럼 몸에 배어 있을 테지만
비장한 각오로 무대에 오르자마자 희고 검은 건반 위에
손가락을 올려놓는다
아니, 몸 전체의 무게를 실어 올려놨다고 보는 게 정직했다
지난밤 잠자리에서
불안하게 가슴 관절을 자극적으로 들쑤셔댔던
석연치 않은 안부들이
하나, 둘 본모습을 드러냈을 때
그 남자는 때가 늦었음을 감지하게 될 것이다
또 한참을 좌절할 것이고
인생의 빛바랜 시간에 대해 침묵할 것이다
남자의 피아노 반주는 느리게 때로는 조금 빠르게
시작되었다, 던져진 카드처럼
어차피 드러낼 바에야 온몸을 던져 결정해야 되겠다는 듯
어긋나 삐거덕거리는 시간의 모서리에 대해
남의 일처럼 보낼 것은 보내고
더러는 수납장 깊은 옷 갈피에 숨겨놓고 은밀하게
감추고 살아갈 테지만
낯선 화음과 부호를 찾아 무대에 오른
그 남자 그녀의 몸을 천천히 정복하기 시작하였다

안거(安居)

— 동안거(冬安居) 혹은 하안거(夏安居)

안거는 산스크리트어 바르샤(Vassa)를 번역한 말이라 한다
비 오는 계절이란 말로 우기를 뜻한다고 한다
구름처럼 물처럼 흘러 다니며 수행하는 운수납자의 불살생을
위하여 머무르는 기간이라고 한다

누구를 위한 안거인가 누구의 안거인가
여름철 넉넉하게 내린 비에 마른 몸을 적시며 기어 다니는
지렁이며 민달팽이를 위해서
스멀거리는 우주의 껍데기를 기어 다니는 생명을 위해서
잠시 위험한 발길을 멈추라는 경계의 시간이라는데

누가 누구를 위한다고 만들어놓은 안거란 말인가
내가 고요해지는 일이
세상의 생명을 방생하는 유일한 처세,
마음을 묶고 풀며 살았던 하루하루가
나 모르게 세상에 죄를 짓고 사는 일뿐이었으니

분주하게 나돌아 다니는 마음을 모두 불러 모아
별빛을 등불 삼아 길 찾아나서는 물소리 들리는 숲속에서
며칠이고 몇 달이고
무슨 냄새가 나는지, 무슨 빛깔로 우러나는지
단무지처럼 뼈를 오래 묻어두고 발효시켜 보고 싶다

동한거(動閑居)*

정치를 한다고
제멋대로 떠들고 난리부루스를 치는 홀로 망상자들이여
말과 글이 있은 후 나라가 있을 것인가
나라가 있은 후 말과 글이 자유스러울 것인가
말과 글로 나라를 깡그리 말아 마시는 청맹과니들이여
지금, 그대는 어느 땅 위에 서 있는가
나라를 위해서, 곁에 있는 사람을 위해서
당신의 욕심에 절인 혓바닥이 무슨 도움이 되는가
이웃에게 한 스푼의 밥알만큼 따뜻한 온기를 담고 있던가
배불러 껄떡거리는 졸부들이여
잘난 척 설쳐대도 무슨 말을 하는지
한마디도 알아들을 수 없는 딴 세상을 사는 족속들이여
입을 다물고 동안거(冬安居), 아니
동한거(動閑居)에 들어 침묵해야 할
어중 빠른 정치인들이여
무식하고 용감한 너희 질퍽한 흥정 때문에
지렁이가 밟혀 죽는다
돈 놓고 돈 먹는 권력 때문에 개미집이 밟혀 무너진다

* 동한거(動閑居) : 동안거(冬安居)를 패러디한 말로 움직임을 멈추고 조용히 하라는 뜻

양떼목장*에서

밑동이 잘라지고 가지가 뚝뚝 부러져나가던 기억으로
푸르게 날이 서 있음을 기억해 달라

하늘이 보이지 않는 울창한 밀림이었을 때
바스락거리며 오솔길을 지나가는 너는
작은 오두막에 흔적 없이 깃들어 사는 원시의 바람

스스로 뼈에 불을 붙이는 마그마의 뜨거운 불길로
살갗이 타들어갈 때
그대 이름을 부르던 지독한 사랑의 고백이었음을

오직 잊히지 않는 지독한 추억 하나로
너희들의 부드러운 풀밭이 되고 있음을 기억해 달라

지금은 비굴하게 쓰러져 눕고 일어서는
내가 뿌리이고 줄기이며 너희들의 가지이고 꿈이며
살아가는 나무의 전체,

꿈틀거리는 혈관으로 어두운 땅 밑을 흐르며
야성으로 날을 세운
추억 하나로 오늘을 살아가고 있음을 기억해 달라

* 양떼목장 : 대관령면 횡계리 소재. 양을 기르는 목장으로 대관령 자연림을 개간하여 만들었다

어머니 탯줄, 그 숲길

너와 나
태초의 하늘 바다에서 떨어져 나온
일란성 쌍둥이

어머니가 탯줄을 끊을 때
서로 길은 갈라졌지만
너의 심장이 뛰면 나의 핏줄이 흘러

혼자 남아도
고독하지 않고 투명해지는 까닭,
어렴풋 기억한다

산속에 들어
어둡고 깊은 숲길을 걸어갈수록 더욱
편안해지는 마음

꾸불꾸불한 어머니 탯줄을 흘러와
나의 입에 젖 물리던
왜? 좋다가 아니라 그냥 좋은 것

달빛

내 몸은 빨려 들어가 한 줄기 달빛이 되네

눈 시린 달빛이야,
검은 까마귀 달의 눈알을 파먹고
쏟아내는 핏물이야

어둠을 모두 끌어모아
마른 숫돌에 며칠을 갈아대면
칼날이 되어
촘촘히 베어 몸을 저밀 수 있을까

몸을 빨아들여
오만한 상처를
갈가리 빛살로 쪼개내는 눈부신 칼날이야

저, 잔인한 주둥이
잘게 이겨서 토해내는
투명한 빛살
어금니 침 가득 고이는 신선한 샘물이야

공평

봄 · 여름 · 가을 · 겨울 공평하다
초 · 분 · 시간 · 일 · 주 · 년
공평하지 않아야 할 것이 공평하다
나에게
공평해야 한다고 생각하는 건
모두
공평하지 않다는 생각
내가 지금 걸어가는 길이
내 길이 아니듯
세상은 한쪽으로 기울어 공평하다

시골 편지

도시와 시골이 다르다고, 날마다
담담히 얘기하지만
삼가 아뢰옵기 송구스럽지만
봉지에 물건 담듯 마음이 담아지는 게 아니라서……

시골이 날마다 그립습니다

제4부

아름다운 상처

꽃과 꽃이 다투지 않고 서로 자리를 비워주듯
색깔과 색깔이 서로 섞이듯이
서로 물들지 않고 자기 말을 했으면
저리 뜨거울 수 있을까

내가 너를 밀어내고, 네가 나를 밀어내고
부딪히고 상처받으며
서로 스며들 수 있었을까
나, 지금
눈부심이 정말 네가 나에게 준 상처란 말인가
아름다운 흉터란 말인가

관절

바위틈에 돋아난 돌단풍과 금낭화 사진을 찍다가
문득 시큰한 무릎뼈 사이로 튕겨져 나온
〈사소한 것과 대수롭지 않은 일〉의 의문부호를 줍는다
양지쪽 노랗게 얼굴을 내민 민들레가 그랬고
길옆에서 뽀얀 먼지를 뒤집어쓰고
바다의 이름을 파랗게 부르는 제비꽃이 그랬다
항상 잃어버렸다고 생각하는 것들은
손금을 따라 비비취 잎처럼 줄지어 푸르게 돋아나거나
부딪혀 아픈 소리를 내는 것이었다
언제나 버려졌다고 방심하는 사이
〈사소한 것과 대수롭지 않은 일〉에 마음을 다친다
푸르름은 추억처럼 날카로운 칼날을 세운다
너에게 채이거나 튕겨져 나온 그리움을
자꾸 쓸쓸함으로 상처를 풀어버리는 버릇도
저 풀잎 사이에서 찌릿하게 튕겨져 나온
날카로운 칼날 때문이 아닌가 생각해보는 것이다

단풍나무

생각해 본다
물들어 가는 줄 알고 물드는 나무는 없었겠구나
나무가
나뭇잎이 물들어 가는 것을
완강하게 거부했다면
저리 아름다울 수 있을까

꽃과 꽃이 다투지 않고 서로 자리를 비워주듯
색깔과 색깔이 서로 섞이듯이
서로 물들지 않고 자기 말을 했으면
저리 뜨거울 수 있을까

내가 너를 밀어내고, 네가 나를 밀어내고
부딪히고 상처받으며
서로 스며들 수 있었을까
나, 지금
눈부심이 정말 네가 나에게 준 상처란 말인가
아름다운 흉터란 말인가

겨울 강

강물의 쓸쓸함에 빠진다
날마다 걸어서 건너던 강, 날마다 칼날이 서려 날카롭게
살을 베어낼 때마다 울컥울컥 쏟아지는 피
눈물이 저리 싸늘하고 아프다면 뜨거운 꽃망울처럼
가끔 입술도 깨물어가며 살아볼 일이다
얼음 속에 갇힌 그림자가 비틀거리며 걸어 나온다
갈피마다 깊숙이 살을 접고 흐르던 강의 날개가 떨어져 수북한
어둠 속에서 굴절된 빛이
금강석처럼 아프게 젖은 상처 위에 뿌려진다
한목숨 걸어볼 만한 허망함이 배어 있는 아침이다
쓸쓸해서 쓸쓸하지 않은 견고한 강물 위에
저벅저벅, 안개꽃을 머리에 꽂고
강에 빠진 안개가 날개를 툭툭 털고 일어나는 아침이다

봄바람

이거 봐라! 이게 여기까지 따라 들어왔잖아
뭐가?
낙엽송이……
산에 갔다 온 아내가 신기한 듯 말을 건넵니다
꽃띠 아가씨 옷자락에 묻어왔구먼, 뭐……
봄이 가까워지니
떨어진 낙엽에도 물이 돌아오나 봐
바늘 침처럼 뾰족한
나뭇잎 한 개에도 신이 난 아내
유난히 볼이 붉습니다
나도 땀이 났네, 흠뻑 젖은 셔츠 벗고
웃통을 드러내 보이며 덩달아 신이 난 나에게
아무리 그래봐야 국물도 없어……
눈을 쌜쭉이 흘기고 돌아서는 아내 주변으로
나비가 날아오르고
꽃바람 불어 유난히 따뜻한 봄날이었습니다

사과나무 과수원

푸른 강이 깊고 무서웠다
사람들은 모여 현현(玄玄)하다 수군거렸지만
어두운 밤길을 혼자 걸어 성황당 곳집 앞을 지날 때처럼
순간마다 섬뜩한 일뿐이었다

추운 눈물의 강을 맨발로 건널 때마다
내 발바닥으로 얼음이 박히는 아픔을 느끼며 살아온 시간이었다
가끔 잊어버리기도 하였지만
잊어버린다는 것은 세포의 물줄기를 막아버리고
물속의 물고기를 깡그리 잡아버리는 억지 같았으므로
많은 것을 버려야 했다
평범하게 살아가는 일조차 사치가 되었던 시간을 산다는 것은
죽음의 또 다른 말이었지만
그 세월을 살아내야 할 책임이 나에게 있었기에
포기할 수 없었다
버티고 잘라버리는 일이 유일한 삶의 생존방식이었던 시절
돌이켜보면 살아온 시간이 죽음보다 낯설다

사과나무 과수원,
거꾸로 박힌 용의 비늘처럼
그 깊고 푸른 강 지금도 흐르고 있다

부표(浮標)

나를 흔드는 이
차라리 잎사귀였으면 좋겠다

나를 붙잡아두고 있는 내 안에 그대 누구신가
날마다 출렁거리는 물결을
잡아 가라앉히시며
한곳에 머물게 하시는 이,
작은 바람에도
온몸이 흔들리는 불안한 좌표

낯선 이역의 바다 한가운데에서 날마다
나를 흔드는 이
차라리 그대였으면 좋겠다

바다였거나 그 잎사귀 같은 파도였거나
바람 갈피에 실려 날아가는
홀씨같이
출렁거리며 자리를 찾아가는 길,
누구에게나
분명 내 자리가 있다

봄꽃

내가 너를 찾아 헤맨 나날이
집 한 채 지어놓고 기대고 싶었던 생각이 전부였던 것처럼
이미 문을 닫아버린 그리움이 봄날처럼 깊어
산을 둘러치고 마음을 둘러치고
다시없는 사랑을 얘기하지만 너의 집 앞에 머물러
꽃 한 송이 되지 못하는
나의 마음이, 나의 생각이 덧없고 쓸쓸해
하루도 꽃날 꽃 피고 지는 시간을 남의 일처럼 보낸다
내가 당신의 집을 찾아온 쓸쓸함에 대하여
봄날의 꽃처럼 당신은 아름답게 말할 수 있겠는가
누구나 얘기하는 집은 고향에 다름없다고
그 곁에 너의 몸을 가볍게 내려놓을 수 있겠는가
가도 끝없는 마음 안의 길
내가 정하기 전에 스며들어 아픔이 되어버려서
사랑한다 말하지만
누가 당신을 사랑하지 않아 상처 주고 돌아선 적 있었던가
내가 날마다 찾아와 사랑한다고 말하면서
쓸쓸함에 뒤척이는 나날이야
너를 찾아 방황했던 나날이
멀리 있어 더욱 그리운 지척 거리의 당신이었던 것처럼

난설헌(蘭雪軒)

세상에 보는 것도 욕심이라지요
멋있게 살아본다는 일도 나에게는 먼 곳의 일
생각 없이 어정어정 걸어
시간 속으로 스며들어가는 일이라지요
느끼는 것도
생각하고 나면 모두 욕심이 되고 말아
아무런 생각 없이
난설헌의 뜰을 비틀거리며 걸어보는 것이라지요
내 것이다 생각하면
남의 것인 양 마음만 다쳐
그 자리에 놓아두고도 모두 욕심이 된다지요
가끔 생각도 덧없어
우련히 떠오른 달에 가슴 다치기도 한다지요
바람이 들창을 흔들어도
풀리지 않는 저 단단한 옷고름
그리움도 제풀에 지쳐 호수에 잠들고
부질없는 마음만 서러워
벚꽃 잎처럼 이리저리 흩어지기도 한다지요

* 난설헌(蘭雪軒) : 허초희(許楚姬)의 호. 친가인 강릉 초당에 기념 공원이 있다

봄날은 간다

할아버지가 도로 옆에 경운기를 세워놓고
담뱃불을 깊이 빨아 댕기고 있었다
밭둑을 길게 가로질러 건너온 주름살이
할아버지 이마에게 꿈틀 몸을 뒤척이고 있었다
아직도 녹지 않은 눈이
듬성듬성 묻어 있는 꽃무늬 냉장고바지를
헐렁하게 겹쳐 입은 할머니는
두꺼운 엉덩이를 하늘 높이 들어올리고
무딘 칼로 원추리 푸른 속잎을 잘라
검은 비닐봉지 속에 봄소식을 담고 있었다
봄볕이 자글거리며
할아버지 어깨 위에 붉은 동자 꽃을 피우고
구름은 소나무 가지에 걸터앉아
송기(松肌)를 씹으며
"봄날은 또 속절없이 가는구먼"
할아버지 담배 연기 같은 말을 듣고 있었다

여전사(女戰士)

여자가 사나운 승냥이처럼 영악하게 변해간다
지구가 휘청거리고 사람이 비틀거리고
세상이 나도 모르게 전쟁터가 되어간다

남자가 모두 짐승 같더니
슬금슬금 정치의 뒷그늘로 숨어들어 개 노릇을 하더니
냄새 맡은 여자들이 슬슬 짐승이 되어간다

여자는
유적처럼 아름답게 남기를 바랐다
사나운 들짐승처럼 남자들이 야비한 싸움개가 되어
들판에서 싸우다 돌아왔을 때
피를 닦아주며 눈물을 흘릴 수 있도록 쓰다듬어주는
어머니이기를 바랐다

여전사여!
세상이 너무 더러워 싹 쓸어버리려고 왔다는
용병처럼 잔인한 여전사여!

남자가 짐승이 되어버린 세상에
사람이 사람답게 윤기 나는 세상 만들어보겠다고
중화무기로 무장한 여자가
아이를 들판에 놓아두고 전쟁터로 진격한다

싸리 꽃

싸릿대 마들가리
종아리에 초경 돌아오는 날
산은 치마폭으로
얼굴을 가리고 골짜기 마가리로 뛰었다
숨이 턱에 차오른 나무는
계곡에 얼굴을 쑤셔 박고
벌컥거리며 물을 마시고 있었다
부끄러워
맑은 물에 번지는 홍조
순이는 넋을 놓고
샘물 둥지에 한참을 앉아 울었다

추억과 희망

희망은 사람을 살아가게 하지만
추억은 사람을 버티게 한다는 생각을 합니다
젊었을 때 희망으로 살 때는
당신을 무척 그리워했습니다
그러나 지금
나이 들어 내일의 기약이 점점 희미해질 때
곁에 있는 당신이 더 소중해지는 건
추억 때문이란 생각이 듭니다
달이 밝아
못내 더욱 그리운 그대
당신도 나를 생각하고 계시나요

욕심(慾心)

분명 옆에 있는데
내 것 아니라고 마음에서 놓아본 적이 없는데
왜, 불편할까
소풍처럼 즐겁지 않을까
여행지에서 만난 커다란 느티나무처럼
그늘 아래 잠시 머물렀다
고맙다 생각하고
지나가듯 살아가면 좋았을 텐데
왜, 자꾸 무거워질까
살아지는 걸 왜, 자꾸 살아보려고 했을까

클래식(Classic)

정해놓은 형식처럼 음악을 듣는다
게걸스럽게 입가 가득 반찬을 흘리며
밥을 먹는다
창밖 산벚꽃나무는 바람의 갈피에
붉은 꽃잎을 흘려보내고
시골버스에서 내린
꽃무늬 옷차림의 여인들은 삼삼오오 떼 지어
민들레꽃 옆을 지나간다
지구 저편의 사소한 이름 하나
지층을 계단 삼아
나에게 걸어와 흔들리는 것이니
내가 너무 야한 것 아닌가
밥도 생각이 깊어져
입안에서 콩나물처럼 오래 흔들린다

풀잎처럼

사람이 없어라
진실로 존경할 만한 사람이 없어라
내 목숨과 바꿔도 좋을 만한 사람이 없어라

그러나 어쩌랴
목숨을 구걸하며 비굴하게 살아남아서라도
한 숨결 지켜야겠다

그리워라
내 목숨과 바꿀 진실한 사람이 그리워라
존경할 만한 사람이 없을 때야말로
새로운 사람이 태어나야 할 때

그러나 어쩌랴
더러는 잊어버린 채 살아보리라
풀잎처럼
살아가는 일이
가장 절실한 희망이 될 때가 있으니

봄길

길 아닌 길을 걸어가는 사람이 있습니다
줄기 흰 자작나무를 짚으며 숲길로 붉은 피를 게우며 걸어가는
노을이 있습니다
나를 꼭 기억해달라고 꽃으로 피어 흔들리고 있을지도 모르는
아픈 상처 하나만 꼭 기억해달라고
길 아닌 곳에 길을 만드는 사람이 있습니다
뒤따라올 사람의 무슨 이정표라도 되는 양 하얀 피 흘리며
이름 모를 들판에 씨앗으로 흔들리는 바람이 있습니다
사람 하나 걸어가는 일
길이 되고 꽃이 되는 일임을 그대 알고 계시나요
들꽃 하나 피고 지는 일
넓은 세상에 붉은 핏줄처럼 이름 하나 남기는 일인 줄 아시나요
길 아닌 길을 걸어오는 사람이 있습니다
눈 덮인 골짜기에 곁불처럼 달라붙어 나무 이마를 짚으며
산을 내려오는
그대 따뜻한 이름이 있습니다

자서(自敍)

다른 사람의 길을 기웃거리지 말고
나의 길을 가야겠다
놓아둘 것 놓아두고
오롯이 내 것만 가지고 가야겠다

낮은 자리에 놓인 생명의 소리에
귀 기울이며
작은 정성으로 내미는
부끄러운 손도 잡아보리라

살아 있는 일이 장엄한 의식이 되는
주변에서
소중한 의미를 찾아
뜨거운 가슴으로
그대 이름을 불러보리라

새소리와 길동무하며 가는 길
서두르지 않고
잠시 나무에 기대어 머무는 것도
작은 기도가 되리라

냉장고

오래된 냉장고를 청소하듯
가슴속 한편에 웅크리고 잠든 나의 사랑을 깨워 불러낼 거야
오랫동안 꿈속에서 먹어보았던
아이스크림처럼 달콤한 사랑을 너에게 줄 거야
가끔 오래된 냉장고를 청소하듯
머릿속에서만 맴돌던 냉동된 나의 사랑을 천천히 녹여
뒤로 밀려 쓸쓸했던 단단한 내 인생의
말줄임표를 하나씩 얼려 선물처럼 너에게 건네며
내 가슴의 냉동 창고에서 너를 꺼내
붉은 심장을 돌려주고 가만히 이름을 불러볼 거야
꿈틀거리며 살아나는 너의 심장에 내 입술을 대고
너의 싱싱한 이름을 부를 거야
해동되지 않는 너의 겨울은 언제 지나갈 거냐고
겨울나무 아래
뜨거운 나의 마음을 넣어두고
상큼한 이름으로 너의 해빙을 기다릴 거야
천년이 지나가도 시들거나 녹지 않을 너의 마음을 알지만
그래서 더욱 소중한 너의 곁에
몸을 맞대고 체온을 나누기로 해

징검돌

시간의 물 갈피 위에
당신의 말씀을
징검돌처럼 놓아두겠습니다
멀지 않은 시간이 지난 뒤
당신과 함께 손잡고 돌아올 때
그 징검돌 밟으며
당신의 말씀을
맑은 물소리로 듣겠습니다

제5부

우아한 점심

밖에는 브람스 헝가리 무곡 5번으로 빗방울이 튀고
밖에서 들어온 새똥씀바귀 몇 줄기로
점심을 때우는 시간
우아하고 싶어, 정말 우아하게 살고 싶어
점점 빨라지는 스텝을 밟으며
으적으적 양배추 몇 줄기 된장에 찍어
속을 채우고
바깥세상의 슬픔을 비운다

먹는다는 건 다른 세상의 슬픔 한 토막을 비우는 거

아내

나와 다른 사람
반평생 넘게 몸 섞으며
살아온 사람,
모양도 다르고
생각도 달라
꽃이 제각기 피듯
다르게 사는 모습이 신기해
말없이 지켜본다

아름다운 꽃이다

항해

아버지의 바다에는 늘 바람이 불었다
출어는 늘 허기져
가난한 만선의 깃발에 바람을 가득 담고 돌아왔지만
바람은 늘
육지를 밟는 순간 쏟아져
다시 바다로 돌아가는 반란을 기도하는 것이었다
육지에는 늘 바람 같은 내가 남아 있었고
아버지의 바람이었던 나는
언제나 바다의 한끝에서 육지를 바라보고 있었다
꿈이 늘 육지에 있지만 바다로 나가는
아버지의 항해는 언제나 파도가 높게 일었다

배보다 파도가 먼저 육지에 닻을 내렸다

스마트폰

내 심장은 당신이 진동으로 설정해 놓은 스마트폰 같아
당신의 작은 몸짓 하나에도 내 몸 전체가 부르르 부르르 떨려
하루에도 몇 번씩 뒤집히며 다른 세상을 산다네

그대, 어쩌다 가는 바람처럼 내 집 앞을 스쳐 지나갈 때
창문은 유난히 덜컹거리고
푸르게 뒤집히는 나뭇잎 따라 내 몸도 한쪽으로 기울어
그대 몸속에 깃들어 사는 작은 벌레처럼 부산해지고

내 눈 속에는 당신이 고정으로 설정해 놓은 TV의 채널이 있어
자꾸 한곳만 바라보고 고지식한 생각만 떠올라
날마다 당신이 있는 쪽으로 몸이 따라 도는 바람개비 같아

나는 당신이 만들어준 아이콘처럼 또 다른 세상의 어린아이
날마다 어긋나는 세상, 당신 뜻으로 살 수도 있고
목숨 바쳐 살아도 하나도 속상할 게 없는 당신이 있어
나, 살아간다네 날마다 새롭고 신비한 세상을 살아 흐른다네

사람

사람과 미물의 차이는 사람 머리 높이만큼의 차이
내려다보는 넓이만큼의 우월감을 가지고
낮은 곳에서 올려다보는 하늘의 조금 먼 거리를
생각하지 못하는 우매한 동물
한 끗발의 차이만큼
또 한 끗발의 차이를 접고 들어가지 못하는
조금 높아서 어리석은 고등하다고 착각하는 미물

산다는 건

인간은 머릿속 든 만큼 욕심을 부리며 삽니다
직립하면서부터 욕심의 씨앗이 싹텄다고 할까요
낮은 곳을 기어가며 사는 생명들은
다리처럼 연결되어 서로 도우며 삽니다
머리 위를 나는 것들은
힘센 놈이 약한 놈을 잡아채어 먹으며 살아갑니다
그저, 크고 높고 깊게 생각한다고
착각하며 사는 것뿐이지요
생각과 살아가는 현실이 많이 다르겠지요
보이는 게 전체가 아니라고 말할 수도 있겠지만
어찌 되었던
산다는 건 참, 어처구니없이 한계 있는 일입니다

한글

생각을 담는 그릇
그대 사유(思惟)가 잘 빠져나가는 미꾸라지처럼
역사(歷史)의 그물 사이를 지나가도
더디 오는 막차가 멀리 얼굴을 천천히 들이밀 때
피붙이처럼 반가운 것
너를 기다리는 영혼의 정류장이 있다면
가끔 이유 없이 달려가고
더러 아무 생각 없이 찾아와
엉엉 울어도 좋을 그곳 내, 사유의 고향

장마

제가 요즈음 나이가 들었다고 세월을 읽으며 살아가다 보니 그것도 재산이라고 물 폭탄 맞을 줄 뻔히 알면서도 가끔, 바람같이 허접스러운 대거리질도 하며 살아간답니다.

달이 밝은 까닭은

어쩌다 마음 헐거워 달을 올려다봅니다. 저 달은 수억만 년 세상의 만상을 내려다보고 살면서 말없이 제 몸을 갈고닦아 뼈가 시리게 투명한가 봅니다. 지금껏 살아오면서 저 달을 몇 번이나 올려다봤을까요. 생각해보자 하니 달이 그냥 웃으며 말없이 살아보랍니다.

우아한 점심

작은 플라스틱 도시락 2개
한 통에 잘게 썬 양배추, 한 통엔 콩을 듬성듬성 넣은 잡곡밥
흔들린다 떨린다
숙주나물처럼 쉽게 시들어 두려운 점심
밖에는 브람스 헝가리 무곡 5번으로 빗방울이 튀고
밖에서 뜯어온 새똥씀바귀 몇 줄기로
점심을 때우는 시간
우아하고 싶어, 정말 우아하게 살고 싶어
점점 빨라지는 스텝을 밟으며
으적으적 양배추 몇 줄기 된장에 찍어
속을 채우고
바깥세상의 슬픔을 비운다

먹는다는 건 다른 세상의 슬픔 한 토막을 비우는 거

싱크대의 새소리

어라, 뭔 새가 울어
창 너머 저녁 석양 햇살 한 줄기 길게
들어왔다 돌아간 후
뜻하지도 생각하지도 않았던 새가 울어
한 줄기 바람처럼
한 줄기 소나기처럼
날마다 곁에 있던 그대 소중한 줄 모르겠더니
소리 없이 싱크대 앞으로 달려가
땀 뻘뻘 흘리며 저녁 밥상을 준비하는
그대 고마운 마음을 배경으로
사무치게 새가 울어
너의 부름처럼 살아볼수록 고마운
저물 무렵
문득 더 맑고 고마운 새가 울어

석굴암 돌층계

청홍 한복 갖춰 입고
치맛자락 걷어 올리며 기원처럼 올라가던
석굴암 돌계단 작고 하얀 발뒤꿈치
왜, 그렇게 애틋했을까
더러 벗어버리거나 갈아입어야
가벼워질 수 있다는 걸
몰랐던 그때
아내여, 그 단순함과 신선함으로
평생을 살았다는 게 고맙고 눈물겨워
피아노 하얀 건반을 밟는 양
조심조심
40년 만에 석굴암 돌계단을 오르다
눈물이 왈칵 쏟아지네

아편(鴉片) 혹은 아편(阿片)에 대해서

아편(鴉片)을 할 때 쓰는 아(鴉) 자가 갈까마귀 아(鴉) 자라니
한번 마셔보면 머리가 새까맣게 타 버려 아무 생각 없이
살 수 있다는 말인가
몸통을 갈라 진액을 받으면 똥이 새까맣게 굳어
끈적끈적 잠이 오지 않을 듯한 밤
선소리처럼 들려오는 갈까마귀 소리처럼 찜찜해서인가
늦은 시간 잠 안자고 궁시렁거리다
설핏 든 잠 깨어 내다보는 격자 유리창 칸칸
이른 봄 싹 돋지 않는 가래나무 가지에 추상화 같은 달이 걸렸다
아편(阿片)을 할 때 쓰는 아(阿) 자가 언덕 아(阿) 자라니
깜깜절벽의 세상 무슨 피안(彼岸)이라도 되는 양
몇 번을 꺼내 봐도 딱지처럼 접은 연애편지 같지 않아
이리저리 삐거덕거리며 비틀어 아귀를 맞춰보는 굳은 모가지
잠 깨어 다시 펴보는 세상은 내 편도 네 편도 아닌 요지경
장기판처럼 몇 칸을 건너뛰기도
질편한 길 미끄러지기도, 고꾸라져 쓰러지기도 하며
성한 데 한 곳 없는 바늘 상처투성이 팔뚝처럼
아무리 둘러봐도 나에게 비빌 언덕 하나 없어
바람 불 때마다 아편쟁이처럼 부르르 헛갈리는 세상이여

오만한 자유

가까운 곳에 나를 두고 나를 찾는 우리 오만한 자유여
나를 잃어버렸다는 것을 깨달았을 때
나를 감추고 나를 찾아가는 먼 여행이여
당신이 누구냐고 물음을 던져올 때
뜨거운 불덩어리 하나 살아 있어
날마다 몸 안에서 나를 붙잡고 흔드는
강을 타고 뜨겁게 흐르는 배반의 피를 어찌한다 말인가

우리는 멀리 떠나온 것이 아니다

김매기

내 마음 풀밭에 수많은 잡초를 어찌할거나
농부는 밭에 나가 정직하게 밭두둑에 김을 매고
아이들은 풀밭에서
뱀이나 개구리가 무섭지 않은지 뛰어논다
길은 항상 어긋나 있어
언제나 풀밭에 건강한 싹을 고르는 일 같아
날마다 풀을 뽑아도 또 자라나니
저 모진 목숨을 어찌 아픔 없이 자를 수 있을까
사람의 목숨이 모질고 질겨
내가 살아가기 위해 심어놓은 남새밭 풀을 뽑는다만
저 풀 또한 모진 생명을 어찌 쉽게 버릴까
사람도 살기 위해 내 앞밭에 채소를 가꾸니
밭둑을 타고 오르는 무성한 메꽃 줄기도
얼마쯤은 말없이 두고도 볼 심산,
줄기줄기 열리는 눈물 같은 꽃이 아름다워
내 가벼운 목숨처럼 장엄하고 소중해
한참을 망설이다 채소 옆에 풀 한 포기 솎아준다
서투른 세상살이 말도 안 되게 미안해
잘 살거라 주눅 들지 말고 무성히 잘 자라라
흙 털지 않은 풀 한 포기 밭둑에 던져둔다

들꽃 속으로

들꽃 따라 산속으로 걸어 들어가네
흐린 눈 가린 안경을 벗어 귀에 걸고
벌레가 먹다 남은 산딸기 붉은 열매를 따먹으며
자꾸 산속으로 걸어 들어가네
생각은 천천히 몸속을 빠져나가
푸른 산허리 구름으로 걸리고
돌아올 걱정 없이 바람처럼 가벼워진 몸
풀잎의 길을 따라 자꾸 걸어 들어가네
산속에 일찍 날 저물어
돌아오지 못할까 두려워하지 않고
날마다 희미해지는 마음 길
아주 잃어버릴까 조심스러워
풀잎에 깨끗하게 눈을 씻고
산길 따라 들꽃 속으로 천천히 걸어 들어가네

삶

살아간다는 건 새로운 역사를 만드는 것이다
생각만 하는 게 아니라
말을 만들고 문화를 만드는 일이다
아류(亞流)가 아니라
내가 주인이 되고 전통이 되는 것이다
딱딱한 얼굴의 주인이 아니라
부드러운 표정이 나를 끌고 갈 때 아름답다
따라 변하는 게 아니라
나만의 모습으로 깊고 넓어지는 것이다

터[垈]

언제나 그 자리인 듯
바위처럼 단단히 웅크리고 앉아 있는
아버지가 무서웠다
아니, 두려웠단 말이 더 맞을 것이다
유년의 두려움은 차라리 절망이라고 말해야 옳았으리라

나는 아버지의 몸 안에
어떻게 단단한 어둠이 되어 있을까
나는 어느새 또 다른 어둠으로 뿌리가 되어 굳어졌다
싫으면 싫어할수록 나에게 지독한 소리가 되어
나를 단단히 가두고 들어왔다
멀리 도망쳐 나왔다고 생각하는 순간
나는 또 다른 단단한 관념으로 재무장 되어 있었다

뿌리는 어쩌면
나를 멀리 벗어나지 못하게 구속하는 그늘인지 모른다
아버지가 싫었던 건 지금의 내가 싫은 것이다

누구에게 단단한 어둠이 되거나 바위가 되어 터를 잡는 것
아버지의 터는 언제나 고향처럼 넉넉하였지만
그 고향은 언제나 내가 벗어나고 싶은 그늘이었다
지금 내가 만든 터가
나를 알뜰히 지배하고 있는 것이다

갈대

목마른 갈대를 보았는가

가벼울수록 전체를 걸어야 하는
지독한 쓸쓸함

자기 날개에 자기 몸을 비벼 덜어내는
가벼운 존재

가여운 짐승을 보았는가

우리에게
가야 할 곳이 남아 있던가

제6부

그 집 앞 나무

긴 머리, 가볍게 입은 옷차림
우수에 깊게 잠긴 얼굴로 물끄러미 나의 집을 바라보다
조용히 돌아서는 당신 곁에
커다란 나무 한 그루가 말없이 흔들리고 있습니다
나는 아무 말도 못하고 몰래 숨어
오래, 그대 돌아가는 뒷모습을 지켜봅니다

담쟁이

그이, 왜
이곳에 들어와 있는지 모르겠어

가진 것이라곤 더듬이 하나뿐인 몸뚱이
낯선 길을 아무리 더듬어 봐도 기억이 돌아오질 않아

더듬이를 둥글게 말아 당겨
풀잎처럼 먹어보면
부드럽게 혀에 감기던 푸른 길을 찾을 수 있을까

천천히 나뭇잎을 먹고
길을 찾아 낯선 땅을 꿈꾸며 살아가겠지만
나뭇잎에 알을 까고
나뭇잎처럼 또 천천히 말라갈 테지만

안테나처럼 뻗어 흔드는 생명의 존재 방식에 대해
오래, 기억할 수 있을까

그이, 왜
이곳에서
천천히 죽어가고 있는지 모르겠어

들꽃

사람은
절망하고 쓰러져 다시 일어설 때
무늬가 진해진다

바람은
나무에게 불어갈 때
마음에 핏빛 나이테 하나 생기고

나무는 흔들릴 때
마음 기울어
온전히 사랑하게 되었구나

언제나 때늦어 안타까운 이여!
사랑이
글썽글썽 너에게 번져간다

들풀은
백 가지 색을 품을 때 꽃이 되고

첫사랑

그녀,
지금 어디에 있을까

살결이 박꽃같이 하얗던 그녀
생각하면 온통 눈물뿐이었던 그녀

지금,
어디에 살고 있을까

그녀,
아직 첫사랑이어서
그녀,
아직 어두운 길에
날마다 반짝이며 피어나는 별이어서

밤하늘을 보면

그녀 있는 쪽으로
뚝뚝, 별똥별이 떨어져

달

나, 저 달을 보고 무슨 생각을 해야 하나
명치끝에 박힌 습관인가
그냥 물끄러미 바라다보면 안 되나
달, 저 달
깊은 바다 속을 들어갔다 나왔다 하는 달
드러누운 오징어 배같이 희멀건 달의 허리춤으로
바다풀 같은 구름이 지나가고
저 달과 무슨 약속을 해야 하나
어떤 작별의 말을 슬며시 건네주어야 하나
자꾸 달을 따라가다 길을 잃는다
길을 잃어 넓어진 하늘
사무쳐, 오늘도 또 사무쳐
간 쓸개 다 뽑아주고 눈물만 먹먹해
푸른 앞산 산마루 높이 둥글게 떠오른 달
가다보면 온몸이 다 젖어
뼈가 시려, 가슴이 시려
내 마음이 사무치면 달이 더욱 밝아지나 봐

반쪽에 대하여

내가 하늘의 벌을 받아 반쪽이 되었을 때
세상에 슬픔이 생겨나고
몸에서 떠난 반쪽을 찾아 떠나는 그리움이 시작되었다

순간, 순간 나는 죽어가고 다시 태어나면서
나는 온전히 되기 위해
오래전 나에게서 떠나간 반쪽인 너를 찾아간다

사랑만이 나를 아름답게 할 수 있다고
세상을 아름답게 바라보는 게 나를 찾는 시작이라고

반쪽뿐인 나의 사랑은 언제나 불완전했다
왜, 나의 머리와 심장은 단단한 대칭이 아니었을까
언제나 반쪽뿐인 나의 사랑도
몸이 온전했던 시절의 추억을 더듬어가고 있는 것인가

오늘도 내 생각은 불완전하고
내 몸은 잃어버린 반쪽의 그리움을 찾아간다

완전하지 못하다는 건
살아 있는 나의 반쪽의 절망을 뜨겁게 껴안는 일

낙화(落花)

애태우던 그날 며칠이었던가

뚝,
떨어져 나온 그녀가 이방인 같다

오래 매달려 있던 내 마음이
너에게서
떨어져 나온 것이다

찬찬히 떨어져 나온 모습을
내려다본다

추방당한 것일까
나에게 전부였던 그 짧은 순간이
그녀에게 추억이 되었을까

시든 꽃송이
빈 몸뚱이 아래 오래 놓아둔다

그 집 앞 나무

당신은 나에게 하나뿐인 나무입니다
오늘도 그림자를 끌고 내 집 앞을 서성이다 돌아갑니다
긴 머리, 가볍게 입은 옷차림
우수에 깊게 잠긴 얼굴로 물끄러미 나의 집을 바라보다
조용히 돌아서는 당신 곁에
커다란 나무 한 그루가 말없이 흔들리고 있습니다
나는 아무 말도 못하고 몰래 숨어
오래, 그대 돌아가는 뒷모습을 지켜봅니다
당신과 나는 무슨 인연으로 날마다 그리워하면서도
사랑하지 못하는가요
오늘은 용기를 내어 그대 집 앞에 찾아와 아무 말 없이
한참을 바라봅니다
나도 그대 곁에서 말없이 푸른 나무 한 그루가 됩니다
당신의 몸속에서 안개 가득한 여울물 소리가 들려옵니다
날마다 나에게 달려오던 당신의 물 냄새가
오래 내 주변을 어색하게 휩싸고 돕니다
안개처럼 언제나 내 주변을 출렁거리다 돌아가는 당신
언제 푸르게 안아볼 수 있을까요

비밀

비밀이 많아지면 스스로 들킨다
자유란
하늘을 날아가는 한 마리 커다란 새
어린 시절
연줄을 끊어야 연이 멀리 날아가
희망이 된다는 걸 안다
언제나
나를 끌어당기는 사람 너였지만
나를 감는 사람 나였으니
이제 우리가 서로에게 정직해야 할 때
스스로
너에게서 나를 풀어놓아야 할 때

근황(近況)

나, 삼방산* 아랫동네 산다
동쪽으로 막히고
서, 남, 북쪽으로 환하게 트인 마을에 산다
아침이면 머리 위로
붉은 빗살의 햇덩이가 솟아오르고
산그늘 아래로
날개 큰 흰 새가
하루를 시작하는 밑줄을 그으며 날아가는 곳
귀를 열면
계곡물소리 환하게 부서지는 산골,
나무 위에 집을 짓고
산새처럼 맑고 푸른 햇살을 쪼아 먹으며
가끔, 나를 잊어버리고
나, 바람처럼 구름 위에 산다

* 삼방산 : 평창읍 종부리에 소재한 산. 평창읍을 둘러싸고 영월과 경계를 이루고 있다

거짓말

당신의 마음을 다치게 하고 싶지 않아
거짓말을 하셨다고요
당신이 오해할까 봐
아무것도 아닌 것 같은 사소한 것에 마음 다칠까 봐
말하지 않았다고요
당신에게는 사소한 거짓말이
나에게는 배신이 될 수 있다는 것 모르셨다고요
중요한 건 당신이었군요
스스로 가볍고 사소하다고 생각하고
모르는 척 해버린
선한 거짓말은 당신이 만들어낸 거짓말,
당신의 어설픈 배려 속에
나는 오늘도 위험한 줄타기를 합니다

사랑 연습

사랑은 머리가 아니라 마음으로 하는 거라지만
알 수가 없어요
맑은 정신으로 사랑을 해야 하는데
마음조차 내 것이 아닐 때
사랑하게 되나 봐요
하늘이 유난히 눈부시게 높고 파란 날
구겨버린 휴지 조각에도 가을 냄새가 나던 날
들꽃 한 송이, 그냥저냥, 눈물이 나요
머리로 하는 사랑 때문에 마음 다친다고 하지만
보고 싶어요
어설픈 마음 그냥, 보여주고 싶어요

가을

벼 익은
들판을 천천히 걸어가는 사람
바람 같다, 햇살 같다
노릇노릇
석쇠 위에 익어가는 노가리 같다
햇살 스치면
부르르 몸 떨리는 과녁
가슴이 뜨거워!
저녁 노을빛에 취해 비틀비틀
몸뚱이
천천히 익어
단물 고이는
가을 산비탈 붉은 햇과일 같다

억새

정직하다는 건 상처였다

단단할수록
부딪히는 힘을 그대로 튕겨내는
반탄력

바람에 몸을 내주고 남은
꼿꼿한 뼈대

누가,
누구의
상처를 감싸 안는다는 말인가

따뜻한 흔들림

벚꽃놀이

그 여자,
이방인 같은 그 여자 한순간이 필요한 거다
소심한 성격에
하고 싶은 말 마음속에 담아놓고 잘 견디다가
참을 수 없을 때
울컥거리며 전화를 하는 거다
어쩌다 한 번 오는 전화
그 여자,
희망의 전체를 걸고 도박을 하는 거다
순간, 당신이 필요한 거다
그러나 남자여, 한순간이라고 방심하지 마라
그대,
무조건 달려가야 하리라
여자는 짧은 순간에 인생 전체를 건다

밥

자고 나면
한 움큼씩 빠져나가는
쓸쓸함

나이가 늘어가는 세상에서
영혼을 파는 세상에서
쓸쓸함조차 빠져나가면 무엇이 남을까

먹히고 씹히는 게 더 많은 세상에서
힘껏 먹어본다는
뻐근함

아직 남은 게 있어
혼자 슬그머니 웃어보는
배부른
주름 껍질

사람은
배고파서 허기지는 게 아니다

선자령(仙子嶺)*

선녀가 아이를 데리고 내려와
목욕을 했다는
선자령 등산로 입구
사람의 풀밭에서
담쟁이 넝쿨처럼 억세게 기어오르는
하얗고 빨갛고 자주색 나는
이름 모를 들꽃
어린아이 배냇짓 같기도
포동한 아이의 몸에서 풍겨오는
젖살 냄새 같기도 해
아이와 함께
마음 내려놓고
한참을 머뭇거리다 다시 걷는다
누룽지도 곰팡이 냄새도 아닌
어쩌다 만나는
이승과 저승의 경계
그 어디쯤에서 살 타는 냄새

* 선자령(仙子嶺) : 강릉시 성산면 보광리와 평창군 대관령면 횡계리 삼정평 사이에 있는 산 능선

별

긴 혀를 빼어 물은 형형색색의 뇌수가 쏟아져 나온다
하늘을 향해 쏘아 올리면
물컹거리며 쏟아지던 붉고 푸른 오자미같이 따뜻하던 너
하늘 깊숙한 곳에 말없이 살아 있었구나
똑같은 빛깔이지만 결코 똑같지 않은 슬픔의 깊고 먼
동공이여!
나의 심장을 벼락같이 뚫고 지나간
시간의 화살이 밤하늘의 달처럼 어둡고 서늘하다

민들레 홀씨

귀가 간지럽다
나의 귀를 간질이는 그녀의 입술처럼 간지럽다
피처럼 쏟아져 들어온 수많은 말들의 국적은 어디일까
그녀의 입술에 이슬처럼
어색한 물방울 귀고리가 매달려 흔들릴 때마다
나는 나의 귀를 의심한다
생각이 나를 떠나 바깥에서 겉돌고 있을 때
민들레 밭의 홀씨처럼 말은 온다
노란 꽃, 하얀 꽃이 섞여
고삐 풀린 야생마처럼 하얀 치마, 저고리 고름처럼

안부(安否)

진하게 나온다구요?

아닌데…

뭘 잘못 눌렀나?

마음 복잡한 날

어쩌다, 가슴 한끝에 복사되는

아이의
머뭇거리던 전화

한 통

어린 시절 누군가 느낌표나 의문부호를 달고 살아가지 말라고 말했습니다. 나는 그 말을 대수롭지 않게 여기고 살았습니다. 그러나 젊은 시절 이력서는 의문부호투성이였고 나이가 들면서 느낌표에 마음이 꽂혀 눈물이 많아졌습니다. 멀리 외돌지 않아도 살아가는 자체가 날마다 낯선 여행이었고 체험이었습니다. 의문부호는 현실에 대한 도전이 되었고 느낌표는 시대를 건너가면서 느끼는 분노가 되었습니다.

존재를 인식한다는 것과 같이 어울려 살아간다는 것이 서로 달라 가끔 넘지 못할 현실의 벽에 부딪히곤 합니다. 결국 하나를 얻으려면 하나를 버려야 한다는 단단한 인식을 낳게 되었고 나도 모르는 사이 만들어 버린 형식과 틀에 스스로를 가두고 학대하기 시작했습니다. 시가 나를 괴롭히면 스스로 한계를 인정하고 나를 놓아버리겠다고 생각했지만 오늘도 일상처럼 붙들고 있습니다.

솔직하다 싶으면서도 미학(美學)의 끈을 놓지 않기 위해 노력했습니다.

사물이 놓여 있는 이유, 존재에 대한 경외심, 생명 존중의 탐색이 자신에게 이유 달지 않고 곁에 놓아두는 진정성이라는 생각이 들 즈음 모든 것을 놓아버릴 만큼 자연이 좋아졌고 그 흔들림에 동승하여 살아가기로 마음먹었습니다.

감성과 이성, 무엇으로 사는가? 방점을 치라면 감성에 마음을 내려놓고 싶습니다. 가진 것, 있는 것으로 살기보다는 주는 것, 느끼는 것으로 살아야 행복하기 때문입니다. 나를 지탱하게 한다고 여겼던 이성이나 분석이 결국 본질을 찾아가는 수단이었고 이 수단이 지닌 위험한 편견의 잣대 위에서 심상(心象)을 비틀고 왜곡하기 싫기 때문입니다.

역설적이게도 이제 시(詩)에서 느낌표나 의문부호를 빼면 무엇이 남는다는 말인가? 되물어보기도 합니다. 너무 몰입하여 곁을 살피는 눈을 잃어버리지 말라는 뜻인 줄 알지만 생각과 마음은 저울대를 놓고 셈을 치르는 계산과 달라 결국 한쪽으로 기울어 버립니다. 독창성과 개성을 방패 삼아 나만의 글이라 주장하고 싶지만 한참을 더 가야 할 길임을 알기에 오늘도 천천히 주변을 기웃거립니다.

숲속에서 만났던 자연과 사물의 소리를 마음의 공책에 받아 적어 숙제처럼 13번째 시집을 세상에 내놓습니다. 아리스토텔레스의 미학적(美學的) 정의를 빌리지 않더라도 고뇌하지만 자연스러운 모습으로 다가서야 하는 창작의 카타르시스(Katharsis)를 생각하며 또 다른 탐색을 시작합니다.

문학세계대표작가선 818

사과나무 과수원

조영웅 제13시집

인쇄 1판 1쇄 2017년 7월 3일
발행 1판 1쇄 2017년 7월 10일

지 은 이 : 조영웅
펴 낸 이 : 김천우
펴 낸 곳 : 도서출판 천우
등 록 : 1992. 2. 15. 제1-1307호
주 소 : 서울시 성동구 무학봉28길 6 금용빌딩 2F
전 화 : 02)2298-7661
팩 스 : 02)2298-7665
http://www.moonhaknet.com
E-mail : chunwo@hanmail.net

값 9,000원

강원 지속발전의 열쇠, 문화올림픽 구현
"이 책은 강원도, 강원문화재단 후원으로 발간되었음"

ISBN 978-89-7954-679-8

이 도서의 국립중앙도서관 출판예정도서목록(CIP)은 서지정보유통지원시스템 홈페이지(http://seoji.nl.go.kr)와 국가자료공동목록시스템(http://www.nl.go.kr/kolisnet)에서 이용하실 수 있습니다. (CIP제어번호: CIP2017015019)